WORDSEARCH FOR KIDS MINECRAFT EDITION

Copyright © 2016 Puzzle Time Publishing

All rights reserved

NOT AN OFFICIAL MINECRAFT PRODUCT. NOT APPROVED BY OR ASSOCIATED WITH MOJANG.

No part of this publication may be reproduced, distributed, or transmitted in any form or by any means, including photocopying, recording, or other electronic or mechanical methods without prior written permission from Puzzle Time Publishing. Pictures may not be duplicated by anyone without express permission.

WORDSEARCH FOR KIDS MINECRAFT EDITION

Beginner Level Puzzles: 1 to 24

Medium Level Puzzles: 25 to 48

Hard Level Puzzles: 49 to 72

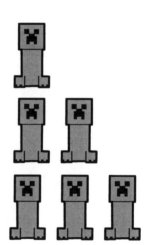

Solutions are at the back of the book.

Difficulty Level: **Beginner**

1. MINECRAFT PLAYERS

We've made a list of words and they are all about Minecraft players! All the words are hidden in the grid. Find and circle them - they are spelled forwards or downwards. Solutions are at the back of the book.

PLAYERS
BLOCK
MINE
FIGHT
WEAPON
CRAFT
TRADE
PET
BUILD
FARM

```
D A G N E W L P F X B Y
P E T F S P L F I G H T
S D R Y U J K O I N E R
P L A Y E R S W D S T A
A X Q B E O T G A S I D
I N B R F E T S V E G E
U W E A P O N D F S E T
O V C E U B L O C K R P
R B U I L D H I R K G R
A N I T B C E F A S A E
O M I N E E B V F A R M
T A L S T E V X T N B O
```

Difficulty Level: **Beginner**

2. CREEPER

All the words in the list are Creeper related, and hidden in the grid. See if you can find them. Answers are at the back. Hiss… Boom!

	M	L	P	D	O	N	J	G	R	E	T	B
CREEPER	O	G	R	H	O	S	T	I	L	E	S	A
HOSTILE	B	E	E	R	W	D	S	L	K	L	H	N
ATTACK	B	L	C	T	G	A	L	V	B	D	A	G
MOB	T	C	R	E	E	P	E	R	O	G	T	E
EXPLODE	B	E	Q	X	W	F	N	H	O	I	T	S
BANG	N	Y	P	P	E	C	E	S	M	R	A	U
BOOM	H	R	N	L	C	O	L	W	E	A	C	G
GREEN	L	C	E	O	N	I	T	S	C	E	K	E
CHARGED	T	P	O	D	F	C	H	A	R	G	E	D
GUNPOWDER	I	G	R	E	E	N	L	U	A	V	J	O
	G	U	N	P	O	W	D	E	R	S	B	R

Difficulty Level: **Beginner**

3. WOLF

These are Beginner level puzzles, so all the words are spelt forwards or downwards. Find all the Wolf words from the list. There are harder puzzles towards the middle and end of the book. Woof woof!

WOLF
PET
TAME
NEUTRAL
WILD
SIT
TAIL
BONES
MEAT
PUPPY

```
E R T G R E T G B L C T
C T A C F N S B O N E S
B E M U W E N H N T E S
N Y E S E U E S D A A U
W O L F I T E S T I P M
E H T G Y R N W F L S E
I S T G N A O L S E T A
A I P L U L J G P E A T
I T R L P E T C U X S A
M E E R W D B O P E S U
W I L D G A L V P D N B
T S O T S L C D Y G N E
```

Difficulty Level: **Beginner**

4. CRAFTING

All the words in the list are something to do with crafting in Minecraft, or they are useful things that you can craft. Find where they are hidden. Solutions are at the back.

		P	H	F	N	E	E	B	W	F	N	O	M
CRAFTING	T	A	B	L	E	P	O	E	C	E	U	C
TABLE	S	D	R	Y	U	N	O	C	U	I	B	R
MAKE	W	E	A	L	G	E	K	N	B	T	E	A
INGREDIENTS	A	B	M	A	K	E	C	F	E	R	M	F
RECIPE	I	L	B	R	F	E	R	O	A	S	U	T
PAPER	P	A	P	E	R	P	L	P	C	A	H	I
MAP	B	E	S	B	R	P	L	O	O	J	T	N
BEACON	I	N	G	R	E	D	I	E	N	T	S	G
BOOK	C	M	T	S	A	E	R	W	D	O	E	P
SLIMEBALL	B	A	L	H	U	R	E	C	I	P	E	A
	V	P	R	S	L	I	M	E	B	A	L	L

Difficulty Level: **Beginner**

5. WITCH

On these pages, all the words are spelt forwards or downwards. It's your job to find all the Witch words from the list - can you do it?

	H	O	S	T	I	L	E	W	B	N	H	M
WITCH	H	N	I	F	S	P	O	E	R	E	A	G
MAGIC	S	M	R	Y	U	N	R	C	E	I	T	E
SPELL	F	A	A	L	G	E	A	N	W	T	B	P
HAT	A	G	E	R	E	S	P	L	A	S	H	O
SPLASH	H	I	B	S	C	E	R	O	A	S	T	I
POTION	U	C	F	S	C	A	R	Y	F	S	B	S
BREW	H	E	C	V	N	L	E	O	N	P	H	O
HOSTILE	N	R	E	T	G	R	K	O	I	E	E	N
POISON	C	F	W	I	T	C	H	W	D	L	T	P
SCARY	U	K	L	H	U	C	T	G	A	L	I	A
	A	P	O	T	I	O	N	S	L	C	G	O

Difficulty Level: **Beginner**

6. SNOW GOLEM

This is a list of Snow Golem related words. Find where they are hidden and check your answers at the back of the book.

	M	O	H	L	E	W	L	P	F	X	F	Y
SNOW	H	U	T	I	L	I	T	Y	N	J	R	R
GOLEM	S	D	R	Y	U	J	K	O	S	N	O	W
UTILITY	W	C	O	L	D	E	F	W	N	G	S	P
COLD	C	X	Q	B	E	O	R	G	O	O	T	J
CHILLY	H	N	B	R	F	E	E	S	W	L	G	U
FREEZING	I	W	F	J	O	P	E	D	B	E	E	T
FROST	L	V	C	E	U	G	Z	X	A	M	R	M
PUMPKIN	L	C	S	N	O	W	I	R	L	T	G	E
SNOWBALL	Y	N	I	T	B	C	N	F	L	S	A	L
MELT	O	F	W	R	T	E	G	V	E	H	U	T
	L	P	U	M	P	K	I	N	D	N	B	D

Difficulty Level: **Beginner**

7. PICKAXE ENCHANTMENTS

All the hidden words in Beginner Level are spelt forwards or downwards through the grid. Can you find all the Pickaxe Enchantment related words from the list?

- ~~PICKAXE~~
- ~~ENCHANTMENT~~
- ~~MAGIC~~
- ~~SPELL~~
- ~~MINE~~
- ~~EFFICIENCY~~
- ~~SILK~~
- ~~TOUCH~~
- ~~UNBREAKING~~
- ~~FORTUNE~~

```
P H F T E E U W F N E M
H S I O S P M E C E F G
S P R U U N A C U I F E
W E A C G E G N I T I C
A L E H E M I N E R C E
P L Y M O F C O A S I E
U A F J F O R T U N E Y
B S I L K P L O N J N R
G R E P I C K A X E C C
C F T S A E R W D S Y P
B E N C H A N T M E N T
U N B R E A K I N G G U
```

Difficulty Level: **Beginner**

8. SPIDER JOCKEY

All the words in the list are something to do with Spider Jockeys. Find them all.

	D	A	G	N	E	S	K	U	L	L	B	Y
SPIDER	S	K	E	L	E	T	O	N	N	J	H	R
JOCKEY	S	D	R	Y	U	J	K	O	I	N	A	W
SKELETON	B	O	N	E	S	E	B	O	W	S	R	P
RIDER	A	X	Q	B	P	O	T	G	A	S	R	S
BOW	I	N	B	R	I	E	T	S	J	E	O	T
ARROWS	U	W	F	J	D	P	B	D	O	S	W	R
WITHER	O	V	C	E	E	G	B	X	C	B	S	A
STRAY	R	C	U	N	R	W	G	R	K	T	G	Y
BONES	R	I	D	E	R	C	E	F	E	S	A	E
SKULL	O	F	W	R	T	E	B	V	Y	H	U	M
	R	W	I	T	H	E	R	X	D	N	B	O

Difficulty Level: **Beginner**

9. DEEP OCEAN BIOME

Find the words that are hidden forwards or downwards in the grid below, which are all something to do with the Deep Ocean Biome.

DEEP	E R M O N U M E N T S T
OCEAN	C B N C F X S A T S E A
HUGE	B L Q U O C E A N I F S
WIDE	N U P S E C E S D R Y U
SEA	E E R B G U A R D I A N
BLUE	E H T D Y I N W H C S E
WATER	I L T E N P O L U E T I
SQUID	A W P E U N J G G E T G
GUARDIAN	I A R P O I N C E X S A
MONUMENTS	M T E R W I D E K L H U
	C E C T G A L V A D N B
	T R O S Q U I D A G N E

Difficulty Level: **Beginner**

10. SQUID

Find all the Squid words from the list.

	P	H	F	N	E	S	A	C	F	N	O	M
SQUID	H	I	N	K	S	P	O	E	C	E	U	G
SPAWN	S	D	R	Y	U	N	R	S	P	A	W	N
WATER	W	E	S	Q	U	I	D	N	I	T	B	C
SWIM	A	O	E	B	E	O	C	F	E	R	T	E
OCEAN	I	C	B	T	E	N	T	A	C	L	E	S
SEA	U	E	F	J	O	P	L	P	F	A	B	Y
TENTACLES	B	A	S	B	R	S	W	I	M	J	H	R
INK	G	N	E	T	G	R	K	O	I	N	S	C
SAC	C	F	T	S	A	E	R	W	D	S	E	P
PASSIVE	B	W	A	T	E	R	T	G	A	S	A	A
	V	A	D	N	P	A	S	S	I	V	E	U

Difficulty Level: **Beginner**

11. AXE

Can you find all the axe-related words in the grid below?

	P	H	F	N	E	E	U	W	F	N	O	M
AXE	H	N	I	W	O	O	D	E	C	E	U	G
TOOL	A	D	R	Y	U	N	R	C	U	T	M	C
HANDLE	N	E	L	U	M	B	E	R	I	T	B	R
HEAD	D	C	E	B	E	O	C	F	E	P	T	A
CHOP	L	L	B	R	T	O	O	L	A	L	T	F
CUT	E	A	F	J	O	P	L	P	F	A	B	T
WOOD	B	E	A	B	R	P	L	C	N	N	H	R
PLANK	G	R	X	T	G	R	K	H	I	K	E	C
CRAFT	C	F	E	S	A	E	R	O	D	R	T	P
LUMBER	H	E	A	D	U	C	T	P	A	S	I	A
	V	A	D	N	B	O	T	S	L	C	G	U

Difficulty Level: **Beginner**

12. HILLS BIOME

All the words in the list are something to do with the Hills biome. Answers are given at the back.

	H	A	G	N	E	W	L	P	F	X	B	Y
HILLS	I	C	H	I	L	L	S	O	N	J	H	R
BIOME	G	M	R	Y	U	J	K	O	A	N	E	W
CLIMB	H	O	N	B	G	E	R	W	I	D	E	P
STEEP	A	U	Q	I	E	O	T	G	A	S	I	T
WIDE	I	N	B	O	F	S	T	E	E	P	G	R
MOUNTAIN	U	T	F	M	O	P	B	D	F	S	E	E
HIGH	O	A	C	E	U	G	B	X	S	B	R	E
TALL	R	I	U	N	M	W	G	R	E	T	G	S
GRASS	A	N	I	T	B	C	L	I	M	B	A	E
TREES	O	F	W	T	A	L	L	V	E	H	U	M
	R	O	A	S	T	E	V	G	R	A	S	S

Difficulty Level: **Beginner**

13. TASTY RECIPES

Like all the Beginner Level puzzles, words can be found forwards or downwards in the grid. All these words are related to tasty Minecraft recipes.

RECIPE
COOK
CRAFT
BAKE
COOKIE
PUMPKIN
PIE
MUSHROOM
STEW
SOUP

```
L A G N E W L P F X B N
S C Q F S P L O B A K E
T D R E C I P E I N E W
E E N B G E R W D S T P
W X P I E O T C A S P J
I N B R F E S O V E U U
C R A F T P O O F S M T
O V C E U G U K S B P P
O C U N M W P R E T K R
K N I T B C E F T S I E
I F W R T E B V E H N M
E O M U S H R O O M B O
```

Difficulty Level: **Beginner**

14. CHICKEN JOCKEY

Find all the Chicken Jockey words.

	P	F	E	A	T	H	E	R	S	N	O	C
CHICKEN	H	N	I	F	S	P	O	E	C	E	U	R
JOCKEY	S	D	R	Y	Z	O	M	B	I	E	M	O
BABY	J	E	A	L	G	E	A	N	I	T	B	T
ZOMBIE	O	C	E	B	A	B	Y	F	E	P	T	T
PIGMAN	C	L	B	R	F	E	R	O	A	I	T	E
RIDE	K	A	F	J	O	P	L	P	F	G	B	N
FEATHERS	E	E	C	H	I	C	K	E	N	M	H	R
UNDEAD	Y	R	E	T	G	R	K	O	I	A	E	C
ROTTEN	C	I	T	S	A	E	R	W	D	N	T	P
FLESH	B	D	L	F	L	E	S	H	A	S	I	A
	V	E	D	N	B	U	N	D	E	A	D	U

Difficulty Level: **Beginner**

15. DESERT BIOME

Find all the Desert Biome related words in the grid.

	O	M	S	A	N	D	S	T	O	N	E	G
DESERT	U	V	R	L	O	I	N	C	G	O	L	D
SAND	M	I	R	R	T	D	W	L	K	L	H	U
CACTUS	B	L	G	D	E	S	E	R	T	D	N	B
VILLAGE	T	L	O	T	M	L	L	D	A	G	N	E
GOLD	S	A	R	U	P	F	L	H	N	I	F	S
RABBITS	A	G	N	S	L	C	S	S	D	R	Y	U
BARREN	N	E	K	R	E	O	L	W	E	A	L	G
SANDSTONE	D	C	S	A	S	I	C	A	C	T	U	S
TEMPLES	T	P	O	C	F	E	R	I	L	B	R	F
WELLS	I	R	A	B	B	I	T	S	A	V	J	O
	G	U	P	L	P	F	B	A	R	R	E	N

Difficulty Level: **Beginner**

16. MEAT AND FISH

Can you find all the words in the list? They are all something to do with meat and fish from Minecraft.

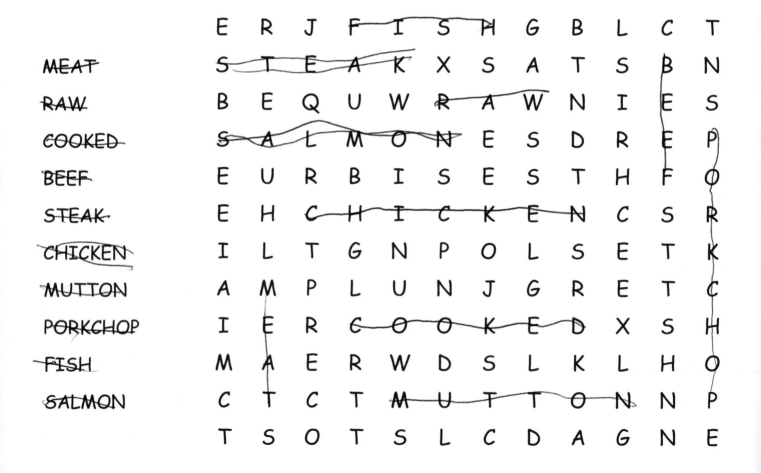

MEAT
RAW
COOKED
BEEF
STEAK
CHICKEN
MUTTON
PORKCHOP
FISH
SALMON

```
E R J F I S H G B L C T
S T E A K X S A T S B N
B E Q U W R A W N I E S
S A L M O N E S D R E P
E U R B I S E S T H F O
E H C H I C K E N C S R
I L T G N P O L S E T K
A M P L U N J G R E T C
I E R C O O K E D X S H
M A E R W D S L K L H O
C T C T M U T T O N N P
T S O T S L C D A G N E
```

Difficulty Level: **Beginner**

17. POLAR BEAR

Find all the Polar Bear words from the list. Answers are at the back.

```
              F R E E Z E L P F X B Y
POLAR         H C W F S A N I M A L R
BEAR          S D R Y U J K O I N E W
ANIMAL        W B E A R E R W D S S P
FISH          A U F U R R Y G A S W J
ICE           G I B R F E T S V E I U
CUB           U C F J P P F I S H M T
FURRY         O E C E O G B X S B M P
SWIMMING      R C U N L W G C E T I R
FREEZE        A N I T A C E U T S N E
SALMON        O F W R R E B B E H G M
              V G S A L M O N D N B O
```

Difficulty Level: **Beginner**

18. SMELTING

Can you spot all the Smelting words in the grid?

	P	H	F	N	E	E	U	W	F	N	O	M
SMELT	F	U	R	N	A	C	E	E	C	E	U	I
FURNACE	S	D	R	Y	U	N	R	H	E	A	T	R
FIRE	W	E	A	L	G	E	A	N	I	T	B	O
HEAT	A	C	S	M	E	L	T	F	E	R	T	N
BLAST	I	L	B	R	F	E	R	F	I	R	E	E
FUEL	U	A	F	J	O	P	L	P	F	A	J	Y
IRON	B	E	S	B	R	P	F	O	N	L	B	R
ORE	B	L	A	S	T	R	U	O	C	N	U	C
COOK	C	F	O	S	A	E	E	W	O	S	R	P
BURN	B	K	R	H	U	C	L	G	O	S	N	A
	V	A	E	N	B	O	T	S	K	C	G	U

Difficulty Level: **Beginner**

19. SKELETON

Find and circle all these Skeleton words and check your answers at the back.

	O	M	P	D	O	N	J	G	R	S	T	G
SKELETON	U	G	R	L	B	O	N	E	S	K	S	W
BONES	M	E	E	R	W	D	S	L	K	U	H	I
SKULL	H	O	S	T	I	L	E	V	A	L	S	T
BOW	T	S	O	T	S	L	C	D	A	L	K	H
ARROW	B	E	A	R	R	O	W	H	N	I	E	E
UNDEAD	N	Y	P	S	E	C	E	S	E	R	L	R
HOSTILE	H	R	N	R	C	O	S	W	T	A	E	G
STRAY	L	C	E	A	N	I	T	S	H	E	T	E
NETHER	T	B	O	W	F	E	R	I	E	B	O	F
WITHER	I	A	U	N	D	E	A	D	R	V	N	O
	G	U	P	L	P	F	Y	B	E	S	B	R

Difficulty Level: **Beginner**

20. BEACH BIOME

All the words in the list are something to do with the beach and beach biomes in Minecraft. Find where they are hidden.

```
              E  T  I  D  E  E  T  G  B  L  C  T
BEACH         C  T  N  C  F  X  S  A  T  S  O  N
SAND          E  B  E  A  C  H  A  H  N  W  F  S
WARM          N  Y  P  S  E  C  N  S  D  A  Y  U
WATER         O  F  R  B  I  S  D  S  T  T  A  P
GRAVEL        L  I  T  G  Y  I  N  W  F  E  S  A
FISH          I  S  T  C  A  T  C  H  S  R  T  D
CATCH         A  H  P  L  U  N  J  G  R  E  T  D
TIDE          I  G  R  L  O  I  G  R  A  V  E  L
SWIM          M  E  E  R  W  D  S  L  K  L  H  E
PADDLE        C  L  W  A  R  M  L  S  W  I  M  B
              T  S  O  T  S  L  C  D  A  G  N  E
```

Difficulty Level: **Beginner**

21. BOW ENCHANTMENTS

Here is a list of words which are all related to Bow Enchantments. Find all of them and circle them.

BOW
ENCHANTMENT
ARROWS
MAGIC
QUIVER
POWER
PUNCH
FLAME
INFINITY
MENDING

```
L P F X B Y E A G N E W
L O N J H R N C Q F S P
F O I P U N C H R Y U J
L W D S T P H E N P G E
A G A S I J A R R O W S
M M A G I C N N B W F E
E E F S E T T W F E O P
B N S B R P M V C R U G
G D Q U I V E R U N M W
E I B S A E N N I T B C
B N O H U M T F W R T L
V G W N I N F I N I T Y
```

Difficulty Level: **Beginner**

22. DONKEY

Find the Minecraft Donkey words. You can check your answers at the back of the book.

	P	H	F	N	E	E	U	W	F	T	O	M
DONKEY	L	E	A	T	H	E	R	E	C	A	U	G
TAMEABLE	S	D	O	N	K	E	Y	C	U	M	M	E
MOB	W	E	B	L	G	E	A	N	I	E	B	C
MANE	A	C	R	B	E	O	C	F	M	A	N	E
COAT	C	H	E	S	T	E	J	O	D	B	T	E
CHEST	U	A	E	J	O	P	S	P	F	L	B	C
FODDER	B	E	D	B	R	N	A	O	N	E	H	O
LEATHER	G	M	I	T	G	R	D	X	I	N	E	A
SADDLE	C	O	N	S	F	O	D	D	E	R	T	T
BREEDING	B	B	G	H	U	C	L	G	A	S	I	A
	V	A	D	N	B	O	E	S	L	C	G	U

Difficulty Level: **Beginner**

23. FISHING

Find all the Fishing related words. They are spelt forwards or downwards in the grid.

	O	M	P	D	S	N	J	G	R	E	F	G
FISHING	U	G	L	L	T	I	N	H	F	X	I	A
ROD	S	E	I	R	I	D	S	O	K	L	S	U
LINE	A	L	N	T	C	A	W	O	O	D	H	B
STRING	L	S	E	T	K	L	C	K	A	G	N	E
WOOD	M	E	Q	U	W	F	N	H	N	I	R	S
STICK	O	Y	P	S	E	C	E	S	D	R	O	U
WATER	N	F	I	S	H	I	N	G	E	A	D	G
FISH	L	C	E	A	N	I	T	S	C	E	B	E
SALMON	T	P	O	C	S	T	R	I	N	G	R	F
HOOK	W	A	T	E	R	A	L	U	A	V	J	O
	G	U	P	L	P	F	A	B	E	S	B	R

Difficulty Level: **Beginner**

24. ZOMBIE

This is the last Beginner level puzzle! Find all the Zombie words and check your answers at the back.

	E	R	J	G	R	E	T	V	B	L	C	T
ZOMBIE	C	T	N	C	F	X	S	I	T	H	O	N
UNDEAD	S	I	E	G	E	F	N	L	N	U	F	S
SCARY	N	Y	P	S	E	C	E	L	D	S	Y	U
HOSTILE	B	U	R	B	I	S	E	A	T	K	Z	W
MOB	A	H	T	G	Y	C	N	G	F	C	O	E
SIEGE	B	U	N	D	E	A	D	E	M	E	M	I
VILLAGER	Y	M	P	L	U	R	J	R	O	E	B	G
BABY	I	G	R	L	O	Y	N	C	B	X	I	A
HUSK	M	E	E	R	W	D	S	L	K	L	E	U
ENEMY	C	H	O	S	T	I	L	E	A	D	N	B
	T	S	O	T	S	E	N	E	M	Y	N	E

Difficulty Level: **Medium**

25. PLAINS BIOME

In this Medium level puzzle, words may be spelt backwards or upwards as well as forwards or downwards. Find all the Plains Biome related words.

	D	A	G	N	E	W	L	P	F	X	B	Y	E
PLAINS	H	Y	E	K	N	O	D	O	N	J	F	R	R
WARM	S	D	R	Y	U	J	K	B	O	M	L	W	S
GRASS	E	V	I	S	S	A	P	W	D	S	A	P	D
VILLAGE	N	C	F	S	E	O	L	G	E	S	T	J	I
DONKEY	I	N	B	R	F	E	A	S	G	E	U	U
HORSE	U	W	F	J	E	P	I	D	A	S	E	S	N
FLAT	O	M	C	E	V	G	N	X	L	B	R	G	G
CAVE	R	R	G	R	A	S	S	R	L	T	G	N	H
SPRINGS	A	A	I	T	C	C	E	F	I	S	A	I	D
PASSIVE	O	W	W	R	T	E	B	V	V	H	U	R	E
MOB	F	E	R	H	O	R	S	E	D	N	B	P	R
GULLIES	A	G	U	L	L	I	E	S	E	P	L	S	A

Difficulty Level: **Medium**

26. VILLAGER

All the words are something to do with Minecraft villagers. Can you spot them all? Remember they may be spelt upwards or backwards now.

VILLAGER
PASSIVE
NPC
HOUSE
TRADE
ROBE
FARMER
LIBRARIAN
PRIEST
BLACKSMITH
BUTCHER
EMERALD

```
P H F N E E B U T C H E R
H N T S E I R P C E P G R
E D R Y F N R C U I A E N
M R E G A L L I V T S C A
E C F B R O C F E R S E I
R L B R M E R O A S I E R
A E F J E P L P F A V Y A
L D S B R P L O N J E R R
D A E H T I M S K C A L B
C R T S N P C W D E T P I
B T L H U C T G A B I A L
V A D N B O E S U O H U G
L O E R D R T I U R R S T
```

Difficulty Level: **Medium**

27. HOE

Find all the words from the list. They are all related to that useful tool in Minecraft, the Hoe.

O	M	P	D	O	N	F	G	R	E	T	L	D
U	G	R	D	L	E	I	Y	U	X	S	G	F
M	E	E	R	W	D	E	L	K	L	H	R	E
B	T	O	O	L	A	L	V	A	D	N	O	R
T	S	O	T	S	L	D	D	A	I	N	W	T
B	S	P	O	R	C	S	G	N	G	E	S	Y
N	Y	P	S	E	C	E	N	D	R	R	U	S
H	R	N	R	C	O	L	I	E	A	U	G	T
L	C	E	E	O	H	T	M	C	E	T	N
T	P	O	C	F	E	R	R	L	B	R	F	A
H	A	N	D	L	E	L	A	A	V	U	O	L
G	U	R	E	M	R	A	F	E	S	N	R	P
S	R	L	P	T	L	N	O	A	R	E	M	K

HOE
DIG
TOOL
FARMING
HANDLE
GROW
NURTURE
CROPS
FIELDS
YIELD
FARMER
PLANTS

Difficulty Level: **Medium**

28. BUILDING

All the words in the list relate to building. Find and circle them.

HOUSE
HOME
BUILD
COTTAGE
BASE
REFUGE
SHELTER
BED
CRAFTING
TABLE
ROOF
BRICKS

```
D  R  G  N  I  T  F  A  R  C  F  T  S
C  T  E  C  F  A  S  A  T  S  E  N  D
B  E  E  G  A  T  T  O  C  I  N  S  Y
N  Y  P  S  H  E  L  T  E  R  Y  U  J
E  E  R  B  I  L  E  S  T  H  A  W  E
E  M  L  G  Y  I  N  D  L  I  U  B  R
I  O  T  G  E  P  O  L  S  E  T  A  F
B  H  R  E  U  N  R  G  R  E  T  S  E
R  G  N  G  O  I  E  C  D  A  S  E  L
I  E  E  U  H  O  U  S  E  L  H  U  B
C  L  C  F  G  A  L  V  B  D  N  B  A
K  S  O  E  S  L  C  D  A  G  N  E  T
S  V  A  R  E  F  O  O  R  D  L  K  N
```

Difficulty Level: **Medium**

29. FOREST BIOME

Can you find all the Forest Biome related words?

FOREST
TREES
WOOD
OAK
BIRCH
MUSHROOM
FLOWER
DARK
NIGHT
WOLVES
HILLS
GRASS

```
D S E V L O W P F X B H E
H C Q F S F L O N J H I R
S K A O U L K O I D E L S
W E N B G O R W D A T L D
A X Q B E W T G A R I S I
I N B R F E T M V K G U U
U W F J O R B O F S E T N
O V O E U G B O T H G I N
H C R I B W G R E T G R H
T R E E S C E H T S A D D
O F S R T E B S E H U O E
F E T Y U E V U D N B O R
A S S A R G S M E P L W A
```

Difficulty Level: **Medium**

30. FARM ANIMALS

Find all of the Farm Animals words from the list, hidden in the grid somewhere.

FARM
ANIMAL
COW
SHEEP
PIG
TROTTER
CHICKEN
PECK
FODDER
GRAZE
MEAT
HERD

```
P H F N E E U W F N O C H
H N R E T T O R T E U H R
S D R Y U N R C U T M I H
W E Z A R G A N I A B C E
A S E B E O C F E E T K M
I H B R F E R A A M T E N
U E F J O P L R F A B N I
B E R B R L A M I N A R U
G P E T G R K O I N E C B
C F D S A E R D D G I P C
B K D H U C T R A S I A W
V A O W O C T E L C G U G
L O F R B M O H K C E P T
```

Difficulty Level: **Medium**

31. PLANTS

Find the Plants related words. You can check your answers at the back of the book if you get stuck.

```
              L  M  R  A  G  U  S  G  R  E  T  G  O
PLANT         U  G  R  L  C  I  N  C  F  X  S  A  F
CACTUS        M  E  E  R  A  D  S  Y  L  I  L  U  E
PUMPKIN       T  L  C  T  C  A  L  V  A  D  N  B  R
TULIP         O  S  O  T  T  A  E  H  W  G  N  E  T
BUSH          O  E  H  S  U  B  N  H  N  I  F  S  Y
SPRUCE        R  Y  P  S  S  C  E  S  D  T  Y  N  H
LILY          T  R  S  R  C  O  L  W  E  O  L  I  J
PAD           E  C  P  L  A  N  T  F  D  R  B  K  U
WHEAT         E  P  R  C  F  E  U  I  A  R  R  P  I
SUGAR         B  A  U  R  O  A  L  U  P  A  J  M  O
CARROT        G  U  C  L  P  F  I  B  E  C  B  U  P
BEETROOT      X  R  E  P  T  L  P  O  A  R  E  P  F
```

Difficulty Level: **Medium**

32. MAGMA CUBE

Here is a list of Magma Cube words. Find all of them.

MAGMA
CUBE
HOSTILE
NETHER
FORTRESS
BIG
SMALL
TINY
HOP
JUMP
LAVA
SWIM

```
D R J G R E T E B L C T S
C T B I G A S B T S E S D
B E L U W F N U E I N S Y
M A G M A E R C D R Y E J
E E R B I L E S T H A R E
E T L P M U J A F C N T R
I I T G E P O V S E E R F
A N M I W S R A R E L O T
I Y N E O I E L F A I F H
M E E R W D S L K L T U I
C L C L L A M S N D S B W
T S O T S L C D A H O P C
M N E T H E R R E D H K N
```

Difficulty Level: **Medium**

33. EXTREME HILLS BIOME

Find all 12 of the Extreme Hills related words.

EXTREME
HILLS
STEEP
CLIMB
CLIFF
WATERFALL
VALLEY
TREES
MOUNTAIN
HIGH
ALTITUDE
FALLING

```
D A G N E W L P F X F Y E
W M O U N T A I N J A C R
A D R Y U J K O I N L L S
T E N B G E R W D Y L I D
E E X T R E M E A E I M I
R E D U T I T L A L N B U
F W F J O P B D F L G T N
A V C P E E T S S A R H G
L C U N M W G L E V G I H
L N I T B C E L T S A G D
O F W R W E B I E H U H E
F S E E R T V H D N B O R
A W J H G D S R F F I L C
```

Difficulty Level: **Medium**

34. BAT

Search the grid for all 12 words, which are related to Minecraft Bats. Can you find all of them? Flap flap!

BAT
FLYING
DARK
WINGS
FLAP
MAMMAL
PASSIVE
MOB
SMALL
SPAWN
SQUEAK
HANG

```
P H F N E E U W F N O M H
S M A L L R O E C E D G R
S D R Y U P R C U I A E H
W W A R L A M M A M R C E
A I E B E S C F E R K E M
I N B R F S R O A S T E H
U G F J O I L B B A T Y A
S S S B R V L O N J H R N
P R E T G E K M I N E C G
A F P S A E R W D S T P C
W K A H U C T G N I Y L F
N A L N K A E U Q S G U G
L O F R B M O P E F R S T
```

Difficulty Level: **Medium**

35. ICE PLAINS BIOME

Here is a list of words which are something to do with the Ice Plains biome. Find and circle them.

ICE
PLAINS
SPIKES
COLD
FREEZING
CHILLY
WHITE
SNOW
POLAR
BEAR
IGLOO
STRAY

```
O M P D B N J G R E T G G
I G L O O I N C F X S A N
M E E R W D R A L O P U I
B L C I C E L V A D N B Z
T S O T S L C D A G N E E
B E Y L L I H C N S F S E
N Y P S E C E S D E Y U R
H R D L O C L W E K L G F
L A E S T R A Y C I B E U
T E O C F E R I L P R W I
I B E R P L A I N S J O O
G U P L P F A B E S B N P
W H I T E L N O A R E S K
```

Difficulty Level: **Medium**

36. OCELOT

Find the list of Ocelot related words in the grid below. Meow!

	D	R	J	G	R	E	T	G	B	L	C	T	S
OCELOT	S	T	N	O	M	L	A	S	T	S	E	N	D
PASSIVE	I	E	L	U	W	F	N	H	E	R	R	U	P
TAMEABLE	T	Y	B	O	M	C	R	P	D	R	Y	U	J
MOB	E	E	R	B	I	L	E	S	T	P	A	W	K
FISH	E	H	L	G	Y	I	N	S	F	A	N	E	I
SALMON	F	I	S	H	E	P	O	I	S	S	T	L	T
CAT	A	E	R	L	U	N	R	H	R	S	T	B	T
HISS	I	G	N	E	O	I	E	C	F	I	S	A	E
PURR	F	O	C	E	L	O	T	L	K	V	H	E	N
MEOW	C	L	C	A	G	A	A	V	N	E	N	M	W
SIT	M	E	O	W	S	L	C	D	A	G	N	A	C
KITTEN	L	V	A	F	E	S	T	R	E	D	L	T	N

Difficulty Level: **Medium**

37. BAKING

Can you find all the Baking words in the grid?

	B	A	G	N	E	W	L	T	F	A	R	C	E
BAKING	H	C	B	R	E	A	D	F	N	J	H	R	R
WHEAT	F	D	R	Y	U	J	K	A	I	G	E	W	S
MILK	O	E	G	G	P	E	R	O	D	N	T	P	D
EGG	O	X	Q	B	E	S	T	L	A	I	I	J	I
SUGAR	D	N	B	R	F	U	T	S	V	K	G	U	U
CAKE	U	W	F	J	O	G	B	D	F	A	E	E	N
BREAD	T	A	E	H	W	A	B	X	S	B	R	S	G
RISE	R	C	U	N	M	R	G	R	E	T	G	I	H
DOUGH	A	N	I	T	B	C	E	F	T	S	A	R	D
LOAF	O	F	W	E	K	A	C	V	E	H	U	M	E
CRAFT	F	E	R	Y	U	E	V	X	K	L	I	M	R
FOOD	D	O	U	G	H	D	S	R	E	P	L	O	A

Difficulty Level: **Medium**

38. ENDERMITE

Find all the Endermite related words.

ENDERMITE
PURPLE
MOB
HOSTILE
TINY
SMALL
ENDERPEARL
ATTACK
NUISANCE
PEST
ENEMY
ENDERMAN

```
P H F N E L L A M S O M H
T S E P S P O E C E U G R
S D R Y U N R C U I M E H
W E L P R U P N I T B N E
A C E B E O C F E R T D M
L R A E P R E D N E T E N
U E N D E R M A N A B R I
B L S B R E N E M Y H M U
G I E Y N I T O I N E I B
C T T S A E R W B S T T C
B S L H U C T G O S I E W
V O K C A T T A M C G U G
L H E R B E C N A S I U N
```

Difficulty Level: **Medium**

39. TOOLS

Can you spot all of the words from the list, which are related to Minecraft tools?

O	M	P	D	O	N	J	G	R	E	T	G	D
D	L	O	G	O	I	N	L	F	X	S	A	F
S	R	A	E	H	S	S	E	K	L	H	U	C
B	L	C	T	G	A	L	E	A	I	N	E	L
T	S	O	T	T	L	C	T	A	R	N	N	O
B	E	Q	U	N	F	N	S	N	O	F	O	C
N	Y	P	S	I	C	E	S	D	N	Y	T	K
H	T	O	O	L	S	L	W	E	A	L	S	J
D	C	E	A	F	I	T	S	C	E	B	E	U
O	P	C	O	M	P	A	S	S	B	R	F	I
O	A	E	R	O	A	L	E	V	O	H	S	O
W	U	D	I	A	M	O	N	D	S	B	R	P
S	R	L	P	T	L	N	O	A	R	E	M	K

TOOLS
FLINT
STEEL
SHOVEL
IRON
WOOD
GOLD
DIAMOND
STONE
SHEARS
COMPASS
CLOCK

Difficulty Level: **Medium**

40. SWAMPLAND

Find the Swampland Biome related words.

	D	R	J	G	R	E	X	E	N	A	C	T	S
SWAMPLAND	C	R	E	T	A	W	S	A	T	S	E	N	D
WATER	B	E	L	U	W	F	N	S	E	N	I	V	Y
LILY	N	Y	P	S	E	C	R	S	D	R	Y	U	J
PAD	E	E	R	S	I	L	E	D	T	H	A	Y	E
MUSHROOM	E	S	W	A	M	P	L	A	N	D	N	L	R
SUGAR	I	E	T	R	E	P	O	P	S	E	T	I	F
CANE	A	H	R	G	U	N	R	G	R	E	T	L	R
SLIME	I	C	E	E	O	I	E	C	F	A	S	A	A
OAK	M	T	M	M	O	O	R	H	S	U	M	U	G
GRASS	C	I	I	A	G	A	L	V	N	D	N	B	U
VINES	T	W	L	T	S	L	C	K	A	O	N	E	S
WITCHES	M	V	S	F	E	S	T	R	E	D	L	K	N

Difficulty Level: **Medium**

41. MOOSHROOM

Can you spot all the Mooshroom words? Moo!

	D	A	G	N	E	W	T	A	E	H	W	Y	E
MOOSHROOM	H	R	E	H	T	A	E	L	N	J	H	R	R
MUSHROOM	S	D	R	Y	U	J	K	O	I	N	M	W	S
STEW	W	E	M	B	G	E	R	W	D	S	U	M	D
BOWL	M	O	O	R	H	S	O	O	M	S	S	U	I
MILK	I	N	O	R	F	E	T	S	V	E	H	I	U
COW	U	W	F	J	O	P	B	D	F	S	R	L	N
LEATHER	O	V	C	E	U	F	E	E	B	B	O	E	G
STEAK	R	W	E	T	S	W	G	R	E	T	O	C	M
MYCELIUM	A	N	I	T	T	C	E	F	L	S	M	Y	I
BEEF	O	F	W	R	E	E	B	V	W	H	U	M	L
MOO	W	O	C	Y	A	E	V	X	O	N	B	O	K
WHEAT	A	W	J	H	K	D	S	R	B	P	L	O	A

Difficulty Level: **Medium**

42. ZOMBIE PIGMAN

Can you find all the Zombie Pigman related words which are hidden below?

~~ZOMBIE~~
PIGMAN
~~PINK~~
GREEN
UNDEAD
NEUTRAL
NETHER
JOCKEY
LIGHTNING
ROTTEN
FLESH
SWORD

```
P H F N E E U W F N O M H
H N I F L I G H T N I N G
S D P Y U D R O W S M E H
W E I L G E A N I T B C E
A U G B N E U T R A L E M
I N M R E E Y E K C O J N
U D A J T P L P F A B N I
B E N B H P K N I P H E U
G A H S E L F O I N E E B
C D T S R E R W D S T R C
B K L H U C T G A S I G W
V A D N B E I B M O Z U G
L N E T T O R P E F R S T
```

Difficulty Level: **Medium**

43. TAIGA BIOME

Look in the grid for all the Taiga Biome words listed below.

	O	S	P	A	W	N	J	G	R	E	T	G	D
TAIGA	U	G	R	L	O	I	N	C	F	W	E	A	F
GRASS	M	E	S	P	R	U	C	E	K	O	G	U	E
TREES	B	L	C	T	G	A	L	V	A	O	A	B	R
SPRUCE	L	S	O	T	S	L	C	D	A	D	L	E	T
WOOD	S	R	E	W	O	L	F	H	N	I	L	S	Y
FLOWERS	T	V	I	L	L	A	G	E	R	S	I	U	H
FERN	I	R	S	R	C	O	L	W	E	A	V	A	J
WOLF	B	C	E	A	N	I	T	S	S	A	R	G	U
SPAWN	B	P	E	C	F	N	R	I	L	B	R	I	I
VILLAGE	A	A	R	R	O	R	L	U	A	V	J	A	O
VILLAGERS	R	U	T	L	P	E	A	B	E	S	B	T	P
RABBITS	S	R	L	P	T	F	N	F	L	O	W	M	K

Difficulty Level: **Medium**

44. BOW

It's your job to find all the Bow related words. Can you do it?

done by Molly

- ~~BOW~~
- ~~ARROWS~~
- ~~STRING~~
- ~~SHOOT~~
- ~~FLETCHER~~
- ~~AIM~~
- ~~FIRE~~
- ~~MISS~~
- ~~HIT~~
- ~~TARGET~~
- ~~QUIVER~~
- ~~RANGE~~

```
D R J G R E T G B L C T S
C A I M F M I S S S N D
B E L U W F N H E I H S Y
N Y P T A R G E T R O U J
E E R B I E S T H O W E R
E H L G Y V N E F C O T R
I L S T R I N G S E T I E
A E R L U U R G R S T G R
I G N E O Q E C F W S A I
M N T I H D S L B O W U F
C A C A G A L V N R N B W
T R E H C T E L F R N E C
M V A F E S T R E A L K N
```

Difficulty Level: **Medium**

45. RABBIT

Find all the words which are something to do with Minecraft rabbits. Hop, hop!

RABBIT
BUNNY
FLUFFY
SWEET
FURRY
TAIL
EARS
NIBBLE
CARROT
DANDELION
PASSIVE
TOAST

```
P A G N E W L P F F B P E
A C A R R O T O N L H T R
S D Y Y U J K O I U E E S
S E R B G E R W D F T F D
I X R A B B I T A F I J I
V N U R F E T S V Y G U U
E W F J O P B D F L I A T
N O I L E D N A D B R E G
R T E E W S G T E Y G L H
A N I T B C E O T N A B D
O F W R T E B A E N U B E
F E A R S E V S D U B I R
A W J H G D S T E B L N A
```

molly

Difficulty Level: **Medium**

46. USEFUL STUFF

Here is a list of useful stuff which you can use in Minecraft. Find all of them and circle them.

BED
BEACON
ANVIL
BREWING
STAND
CHEST
CAULDRON
CRAFTING
ENCHANTMENT
TABLE
TORCH
TNT

```
P A F N E H C R O T O M H
H D I F S P O E C E T G R
S G N I T F A R C I M E H
W U A L G E A N I T E C E
A E E B R E W I N G M E M
I N B E F E R O A C T E N
U A F A O P E P F A N Y C
D E B C R P L O N U A R H
G R E O G R B O I L H C E
L I V N A E A W D D C P S
B T L H U C T G A R N A T
V N D N D N A T S O E U G
L T E R B M O P E N R S T
```

Difficulty Level: **Medium**

47. GHAST

Find the Ghast related words from the list. Answers can be checked at the back of the book.

GHAST
ENEMY
NETHER
TEAR
GUNPOWDER
ATTACKS
WAILING
MOAN
TENTACLES
FIGHT
FIREBALL
BLAST

```
O M P D O N J T M E T G D
U G R L O I N S O X S N F
A T T A C K S A A L H E E
B L C T G A L L N D N T R
W S O T S L C B A G N H F
A R E D W O P N U G F E I
I F I R E B A L L H Y R G
L F T U Y N K W E A L G H
I C E A N I T S C S B E T
N S E L C A T N E T R F I
G E N E M Y L U A V J O O
G U P L P F A B E R A E T
S R L P T L N O A R E M K
```

Difficulty Level: **Medium**

48. THE END

Can you locate all of the words from the list? All of them are related to The End.

END
ENDERDRAGON
ENDERMAN
GATEWAY
PORTAL
CITIES
SHULKER
CRYSTALS
PURPUR
BLOCK
ENDSTONE
BRICKS

```
D R E N O T S D N E C R S
C G A T E W A Y T S E E D
B E L U W F N H P I N K Y
P U R P U R R S O R Y L J
E E R B I L E S R H A U E
C I T I E S N E T C N H R
R L T G E P O L A E A S F
Y E R L U N D G L E M G T
S G N E O I N C F A R A H
T E E R W D E L K L E U I
A L C B R I C K S D D B W
L N O G A R D R E D N E C
S V A K C O L B E D E K N
```

Difficulty Level: **Hard**

49. SWORD ENCHANTMENTS

Now you're in the Hard difficulty section, things get tougher! The Sword Enchantment related words in the list may be spelled forwards, backwards, or diagonal - and that includes backwards diagonal too. As ever, you can check your answers at the back.

SWORD
ENCHANTMENT
MAGIC
BLADE
SHARPNESS
SMITE
BANE
ARTHROPODS
KNOCKBACK
FIRE
ASPECT
LOOTING

```
D S F I R D T G B K C O S L
K M E C F A S C B G E N D P
C I B U W M N H E I N S Y S
A G P L I C R S D P Y S S D
B B R T A O W S T H S W W O
K H E G Y D N E F E N A O P
C I G A M P E L N E R I R O
O E R L U N R P R E T I D R
N G N E O I R C F A S A F H
K E N C H A N T M E N T I T
C L C A H G N I T O O L W R
T S K S S L C D A G N E C A
M V A F E S T R E E N A B V
R N A B W F J K L O P T E D
```

Difficulty Level: **Hard**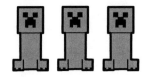

50. MECHANISMS

Find all the Mechanism related words.

MECHANISM
DISPENSER
BUTTON
SENSOR
DOOR
LEVER
FENCE
GATE
PISTON
STICKY
PRESSURE
PLATE

```
O M P D O N J G R E T G D N
U F R L P R E S S U R E F H
M E R R W D S T K L H U E T
B N O M G A L V A D N B Y W
T C S T S L C D A G N E K S
B E N U W I N H N I F S C F
N Y E R E S N S N E P S I D
E R S R C O L A E A L G T H
L T D A N I T S H E B E S N
T P A D F E R I L C R F I O
I A O L U L E V E R E O O T
G O P L P F A B E S B M P T
R R L P T L N O A R E M K U
T N O N T N O T S I P G V B
```

Difficulty Level: **Hard**

51. SLIME

Can you spot all the Slime words?

SLIME	
SLIMEBALL	
GREEN	
CUBE	
HOSTILE	
MOB	
FOE	
ENEMY	
ADVERSARY	
BIG	
SMALL	
TINY	

```
D R J G R E M G B L C T S L
C T E C L L A M S G I N D P
B E L U E F N H N N N S E I
N F P S E M R S D E Y U B Y
E N R B O L I S T H N Y U R
L I L B Y I N L F C I N C A
I T T G E P O L S E T I F S
T E R I N Y R G R E T G T R
S G L L A B E M I L S A H E
O E E R W D S L K Y H U I V
H L C A G A L V N D M B W D
T S O G R E E N A G N E C A
M V I F E S O R I N Y K N V
R B M E W F F K L O P T E E
```

Difficulty Level: **Hard**

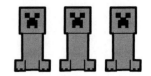

52. FRUIT AND VEGETABLES

Look for the list of Fruit and Vegetable related words in the grid. Remember they can be diagonal now in the Hard section.

	O	M	P	D	O	N	J	G	R	E	T	G	D	N
VEGETABLE	U	G	E	L	B	A	T	E	G	E	V	A	F	H
CARROT	P	U	O	S	W	D	S	L	K	L	H	A	E	T
APPLE	G	M	U	S	H	R	O	O	M	D	P	B	R	O
BEETROOT	T	S	O	T	U	L	C	D	A	P	N	E	T	T
POTATO	B	E	Q	U	W	R	N	H	L	I	F	S	Y	A
SOUP	N	Y	P	S	E	C	O	E	D	R	Y	U	H	T
CHORUS	H	R	N	R	C	O	L	H	E	A	L	G	Y	O
FRUIT	L	N	E	T	N	I	T	S	C	E	B	T	U	P
EAT	T	O	R	R	A	C	R	I	L	B	S	D	F	I
TASTY	I	L	E	G	U	E	L	U	A	A	J	O	R	I
MELON	G	E	P	L	P	F	A	B	T	S	B	R	U	K
MUSHROOM	S	M	L	P	T	O	O	R	T	E	E	B	I	L
	T	N	O	N	T	S	D	E	W	R	F	G	T	M

Difficulty Level: **Hard**

53. MUSHROOM ISLAND BIOME

All of these are something to do with the Mushroom Island biome. Find all of them and you can check your answers at the back.

MUSHROOM
ISLAND
RARE
MYCELIUM
MOOSHROOM
MILK
STEW
LEATHER
STEEP
HILLS
LANDSCAPE
CAVES

```
D S J G C A V T B L V A C L
C T T C F A R E H T A E L P
B Y L E W F N H E I N S Y I
M Y P S E C M U I L E C Y M
E O R B I P D N A L S I E E
W S O G Y I C E F C N E S O
E T T R E H S O O M T I R M
T E R L H N R G M E T A T S
Y W N I O S E C I A R A G E
M E L R W D U L K E H L I V
C L K A G A L M N D I B W A
S D L T S L C D A M N E C C
M V I F E P A C S D N A L V
R G M E M O O S H R O O M D
```

Difficulty Level: **Hard**

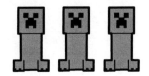

54. HORSE

Find all the Horse words in the grid.

	O	M	P	D	O	N	J	G	R	E	T	G	F	N
HORSE	U	G	E	L	B	R	I	D	L	E	B	O	R	H
TAMEABLE	M	E	E	D	W	D	S	L	K	L	A	U	E	T
TAIL	B	L	C	T	I	A	D	V	A	L	N	B	R	W
EARS	T	S	O	T	S	R	C	D	A	G	N	E	T	S
RIDE	R	T	A	M	E	A	B	L	E	I	F	S	Y	F
SADDLE	O	Y	P	H	E	C	E	S	D	R	Y	U	H	E
HERD	M	R	N	R	C	O	L	E	L	D	D	A	S	N
FOAL	R	C	E	A	T	I	U	S	C	E	B	E	U	I
ARMOR	A	P	O	A	F	G	R	I	E	B	R	F	I	U
EQUINE	I	A	I	G	U	P	E	U	A	S	J	O	O	Q
BRIDLE	G	L	P	L	P	A	L	B	E	S	R	R	P	E
NEIGH	S	R	L	P	R	L	N	O	A	R	E	O	K	L
	T	N	O	S	T	H	G	I	E	N	F	G	H	M

Difficulty Level: **Hard**

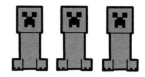

55. NATURAL BLOCKS

Find all these words, which are all related to natural blocks that can be found in Minecraft.

NATURAL
BLOCK
BEDROCK
CLAY
COAL
DIAMOND
EMERALD
GRAVEL
SAND
OBSIDIAN
GOLD
IRON

```
L B E D R O C K B L C T S F
A T E C N A I D I S B O D P
R E L U W F Y H E I N S Y O
U I P S D C R A D R D U L M
T E R B I I E S L H I W E A
A H L O Y I A E F C A E V I
N L T G N P O L S E M I A D
A E R L U N K G R E T G R N
D G N E O C E C F D S A G H
M N E R O D S L L L L U I U
C L A L G A L O N D N A W G
T S B S S L G D A G N E O B
M E M E R A L D E D L K N C
R G M E W F D N O M A I D L
```

Difficulty Level: **Hard**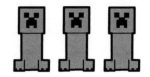

56. SILVERFISH

Find all the Silverfish words.

SILVERFISH
MOB
MONSTER
EGG
SMALL
HOSTILE
ATTACK
BUG
PEST
ENEMY
NUISANCE
ADVERSARY

```
F G V M L Y P N E R V E R R
O M P D L N R Y R E T G A E
U G R L O I M A F X S R T T
M E A R W E S L S L H U T S
B M C T N A L V A R N B A N
S O O E S U C T A G E E C O
B E M U W F I H S I F V K M
N L P S E C E S D E Y U D T
H I N R C O L W A A P G J A
L T E G N I T S C N B E U J
T S O C U E R L B C F I L
I O E G U B L U G V J E A I
G H P L P F A B E G B M P K
H S I F R E V L I S S M K L
```

Difficulty Level: **Hard**

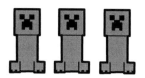

57. MESA BIOME

Can you spot all the Mesa Biome words?

D	D	J	B	R	E	T	G	B	L	E	T	S	L
C	T	E	C	R	A	S	A	B	R	E	N	D	P
S	E	L	N	W	Y	N	H	A	I	N	S	A	I
U	Y	S	S	I	C	C	R	D	R	Y	U	S	A
T	E	T	D	I	A	E	E	T	H	D	W	E	E
C	H	F	G	E	I	T	E	F	C	E	E	M	O
A	L	A	G	E	A	O	S	S	E	N	I	F	U
C	E	H	L	U	N	D	G	R	E	O	G	T	A
I	G	S	E	O	I	E	C	F	A	D	A	H	E
M	D	E	N	E	D	R	A	H	L	N	U	I	T
C	L	N	A	G	A	L	V	C	D	A	B	W	A
T	S	I	T	S	L	C	D	A	L	B	E	C	L
M	V	M	F	B	U	S	H	E	S	A	K	N	P
R	G	M	E	W	F	J	K	L	O	P	Y	E	D

MESA
RARE
HARDENED
STAINED
CLAY
DEAD
BUSHES
CACTUS
BRYCE
PLATEAU
ABANDONED
MINESHAFTS

Difficulty Level: **Hard**

58. SPIDER

Find all the Spider related words and circle them.

	R	E	N	S	O	N	S	G	R	E	T	G	D	N
SPIDER	U	P	G	L	O	I	N	C	F	L	S	A	F	H
NEUTRAL	M	E	E	R	W	D	S	L	A	A	H	U	E	T
MOB	L	L	C	M	O	B	L	V	A	R	N	B	B	W
CLIMB	T	F	U	P	W	N	C	H	A	T	Y	E	E	S
WEB	B	E	R	U	W	F	N	C	N	U	F	S	W	F
SPIN	N	Y	D	E	E	C	E	T	D	E	Y	U	H	T
CATCH	H	R	I	R	D	O	L	A	E	N	L	G	J	H
SCARY	L	C	N	A	N	I	T	C	C	E	B	E	U	J
ARTHROPOD	T	P	H	C	D	O	P	O	R	H	T	R	A	I
ARACHNID	I	A	C	G	U	E	L	S	A	V	S	O	O	I
EYES	G	U	A	N	I	P	S	L	E	E	B	R	P	K
LEGS	S	R	R	P	T	L	N	O	Y	C	L	I	M	B
	T	N	A	N	T	S	D	E	W	R	F	G	V	M

Difficulty Level: **Hard**

59. RIVER BIOME

All of these are River Biome related words. Look for all of them.

		D	R	J	G	R	E	T	G	B	L	C	T	S	L
RIVER		C	F	I	S	H	I	N	G	B	G	E	N	D	S
STREAM		B	D	L	U	T	N	E	R	R	U	C	S	T	A
WATER		N	Y	N	S	E	C	R	S	D	R	Y	R	J	L
SAND		E	E	R	A	I	L	H	S	T	H	E	W	E	M
CLAY		E	O	L	G	S	I	S	E	F	A	N	E	R	O
CURRENT		D	L	T	G	E	P	I	L	M	E	T	I	F	N
FISHING		A	C	L	O	W	N	F	I	S	H	T	A	T	N
ROD		I	G	N	E	R	I	R	C	F	A	S	A	O	H
BOAT		M	T	O	E	W	D	E	L	K	L	H	U	I	B
SALMON		C	L	V	B	G	A	F	V	C	D	N	B	W	G
PUFFERFISH		T	I	A	T	S	L	F	D	A	L	N	E	C	B
CLOWNFISH		R	V	S	F	E	S	U	R	E	D	A	K	N	V
		R	W	A	T	E	R	P	K	L	O	P	Y	E	D

Difficulty Level: **Hard**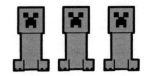

60. GUARDIAN

Find the Guardian related words.

	O	M	P	D	R	N	J	G	R	E	T	N	D	N
GUARDIAN	U	G	R	E	R	I	N	M	I	W	S	A	F	H
ELDER	M	E	D	R	W	E	S	L	K	L	H	I	E	T
HOSTLIE	B	L	C	T	G	A	T	V	A	D	N	D	R	W
OCEAN	E	S	O	E	N	I	R	A	M	S	I	R	P	N
MONUMENT	B	R	Q	U	W	F	N	H	W	I	F	A	Y	R
WATER	N	E	P	S	E	C	E	S	D	R	Y	U	H	O
SWIM	H	S	M	O	N	U	M	E	N	T	L	G	J	H
PRISMARINE	L	A	E	A	C	I	T	S	C	E	B	H	O	T
CRYSTAL	T	L	O	C	F	E	R	I	L	B	R	S	I	I
THORN	I	A	E	G	U	E	A	U	A	V	T	O	O	I
EYE	C	R	Y	S	T	A	L	N	E	I	B	R	P	E
LASER	S	R	L	P	T	L	N	O	L	R	E	M	Y	L
	T	N	O	N	T	S	D	E	W	R	F	E	V	M

Difficulty Level: **Hard**

61. POTIONS

Can you find all the Potion words hidden in the grid?

	D	R	J	G	R	S	S	E	N	K	A	E	W	L
POTION	H	E	A	L	I	N	G	H	B	G	E	N	D	N
POISON	F	B	L	U	W	F	S	Y	E	I	L	S	Y	O
HARMING	N	Y	R	S	E	A	R	S	D	I	Y	U	J	I
WEAKNESS	E	E	R	E	L	L	E	S	Q	C	A	W	E	T
SPLASH	E	H	L	P	W	I	N	U	P	I	I	E	R	O
BREW	I	H	S	G	E	P	I	L	S	O	G	G	F	P
FERMENT	A	A	R	L	U	D	R	G	R	E	I	G	A	N
MAGIC	I	R	N	E	F	E	R	M	E	N	T	S	H	M
LIQUID	M	M	E	R	W	D	S	L	K	L	H	U	O	U
BOTTLE	C	I	N	G	R	E	D	I	E	N	T	S	X	N
HEALING	T	N	O	T	S	L	C	D	A	G	N	L	C	B
INGREDIENTS	M	G	A	F	E	S	T	E	L	T	T	O	B	V
R	G	M	E	W	F	J	K	L	S	P	T	E	D

Difficulty Level: **Hard**

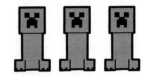

62. ARMOR ENCHANTMENTS

See if you can find all the Armor Enchantments words.

ARMOR
ENCHANTMENT
FIRE
PROTECTION
FEATHER
FALLING
BLAST
PROJECTILE
RESPIRATION
AQUA
AFFINITY
THORNS

```
O M P D O R J G R E T G D N
U G R L O E N F I R E A F P
R O M R A H S L K L H U N R
B L C T G T L V A D N B O O
T S O T S A C D A G N E I J
N O I T C E T O R P F S T E
G Y P S E F E S D R A U A C
N R N R C O L U E A F G R T
I A Q U A I Q T C E F E I I
L P O C F E S I L B I F P L
L E N C H A N T M E N T S E
A U P L L F A B E S I R E K
F R L B T L N O A R T M R L
T N S N R O H T W R Y G V M
```

Difficulty Level: **Hard**

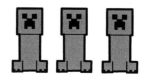

63. THE NETHER

Look for all the Nether related words which are hidden in the grid.

NETHER
GLOWSTONE
BRICK
QUARTZ
FORTRESS
WART
LAVA
SKELETON
MAGMA
CUBES
GHAST
BLAZE

```
D R J G R E T B B L A T S L
C F T S A H G R B G E V D P
B E O U W F E I E I N S A I
N Y P R E H R C D R Y U J L
E E R B T L E K T H A Z E E
E H L E Y R N E F C T S R O
I L N G E P E L S R T E F M
W E R L U N R S A E T B T N
I A B T R P O U S D F U H H
M A R R W D Q L K L H C I A
C L C T G S K E L E T O N M
T S O T S L C D A G N E C G
M V A G L O W S T O N E N A
R B L A Z E J K L O P T E M
```

Difficulty Level: **Hard**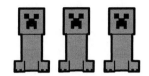

64. ZOMBIE VILLAGER

Here is a list of Zombie Villager words. Remember they can be diagonal now too. Can you find them all?

ZOMBIE
VILLAGER
UNDEAD
HOSTILE
MOB
WEAPON
CLOTHES
GOLDEN
APPLE
CURE
POTION
WEAKNESS

```
O M P D O N J G R E T G W N
U G R L O S S E N K A E W H
C E H O S T I L E L A U E T
U L C T G A L V A P N B R W
R S O T O L C D O G Z E T S
E E R U L F N N N O F S Y F
N Y E S D C E S M R B U H T
H R G R E O L B E A S O J H
N C A A N I I S C E B E M J
O P L C F E R I H B R F I I
I A L G U E L T A V J O O I
T U I L P F O B D A E D N U
O R V P T L N O E L P P A L
P N O N C S D E W R F G V M
```

Difficulty Level: **Hard**

65. PICKAXE

Look for all the Pickaxe related words and circle them. Solutions can be found at the back of the book.

PICKAXE
TOOL
DIG
HACK
HANDLE
WOOD
GOLD
IRON
STONE
DIAMOND
ENCHANTED
MINE

```
D R J I R E T G B L E T S L
C T E C R A S A B X H N D P
E N I M W O N H A D R Y H I
X Y K S E C N K R T H A W E
E E R C I L C S U F N N E N
E H L I A I N E T D E T I C
G L T G P H O L L T N S F H
A O R L U N R E R E T G T A
I X L E O I L C F O S A H N
M E P D W O S L N G D U I T
C L C X O A L E N O I X W E
T S O T S L C D O G N D C D
M V A F E S T W E D L K N V
R D N O M A I D L O P T E D
```

Difficulty Level: **Hard**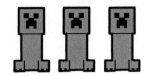

66. SAVANNA BIOME

Find all the Savanna Biome words.

	O	M	P	D	O	N	J	G	R	E	T	G	D	N
SAVANNA	U	T	R	E	E	S	N	C	W	X	D	A	F	H
BIOME	M	E	E	R	W	D	H	O	K	L	H	R	E	T
FLAT	B	L	C	T	J	G	C	V	A	D	N	B	Y	W
DRY	V	S	O	T	R	L	C	D	A	G	N	E	T	S
GRASS	I	E	S	A	V	A	N	N	A	I	P	S	H	F
ACACIA	L	Y	S	S	E	C	E	C	D	E	Y	O	H	T
TREES	L	S	N	R	C	O	A	W	E	A	R	G	B	H
VILLAGE	A	C	E	A	N	C	T	H	C	S	L	I	U	J
VILLAGERS	G	T	O	C	I	E	S	I	E	G	O	F	I	I
HORSE	E	A	A	A	U	E	L	U	A	M	J	O	O	I
COW	R	U	P	L	P	F	A	B	E	S	B	R	P	K
SHEEP	S	R	L	P	F	L	E	G	A	L	L	I	V	L
	T	N	O	N	T	S	D	E	W	R	F	G	V	M

Difficulty Level: **Hard**

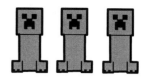

67. BLAZE

Here is a list of Blaze related words for you to find.

BLAZE
ROD
MOB
NETHER
FIRE
SCARY
MONSTER
FIGHTING
DEADLY
FIREBALL
COMBAT
LAVA

```
D R J G R E D G B L C T S L
C T E C F A S E B G E N R P
Y F L U W F N H A I N E Y I
R F I R E B A L L D H U J A
A M B R I L E S T T L W E E
C H L R E I N E E C N Y R O
S L T E H P O N S E T I F M
A E R T U N F I G H T I N G
I G N S O I E C F A R A H H
A E E N W D S L K O H U I U
C V C O M A L V D D N B W G
T S A M S O C T A B M O C B
M V A L E S B R B L A Z E V
R G M E W F J K L O G K U R
```

Difficulty Level: **Hard**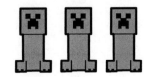

68. JUNGLE BIOME

Look for all the Jungle Biome related words.

	O	M	P	D	O	N	F	G	R	E	T	G	V	N
	U	G	R	L	S	I	N	E	F	X	S	A	I	H
JUNGLE	M	N	T	E	W	D	S	L	R	L	H	U	N	T
TROPICAL	B	L	E	E	G	A	L	V	A	N	G	B	E	W
TREES	P	R	O	T	M	L	C	D	A	G	S	E	S	S
OAK	T	E	T	R	O	P	I	C	A	L	F	S	Y	F
TEMPLES	N	Y	P	U	E	C	L	S	D	R	Y	R	H	S
FLOWERS	H	R	N	L	G	O	E	E	E	A	C	E	J	N
FERNS	O	D	H	A	E	L	T	K	S	E	A	W	U	O
VINES	T	C	O	C	G	A	R	I	L	B	V	O	I	L
OCELOT	I	A	E	N	U	E	V	U	A	V	E	L	O	E
MELONS	G	U	U	L	P	F	O	E	Y	W	S	F	P	M
LEAVES	S	J	L	P	O	L	N	A	S	R	E	M	K	I
CAVES	T	N	O	N	T	T	D	E	K	R	F	G	O	C

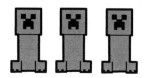

Difficulty Level: **Hard**

69. SWORD

These words are all something to do with swords. Find and circle them.

	J	L	S	G	R	E	T	G	B	L	C	T	S	L
	C	T	E	W	D	A	B	A	T	E	J	N	D	P
SWORD	B	E	H	L	O	F	N	L	E	I	E	S	Y	I
BLADE	N	Y	E	S	E	R	R	S	A	R	Y	L	J	A
SLICE	E	I	R	B	I	L	D	S	T	D	A	T	E	E
STAB	W	H	L	H	S	I	W	S	F	C	E	H	R	M
THRUST	I	L	T	G	B	P	O	L	S	E	T	R	F	M
SWISH	A	E	R	A	U	N	R	G	R	E	T	U	T	N
CUT	I	G	T	E	O	I	E	C	F	A	S	S	H	E
HILT	M	S	E	R	N	O	P	A	E	W	H	T	I	C
WIELD	C	L	C	A	G	A	H	I	L	T	N	B	W	I
WEAPON	T	S	O	T	S	L	C	D	A	T	N	E	C	L
MELEE	M	B	A	T	T	L	E	R	E	D	U	K	N	S
BATTLE	R	G	M	E	W	R	E	P	O	H	P	C	E	D

Difficulty Level: **Hard**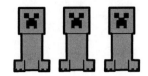

70. SHULKER

Find all the Shulker related words.

	E	N	P	D	O	N	S	G	R	E	T	G	D	N
SHULKER	U	A	R	U	O	I	N	T	T	H	G	I	F	R
PURPLE	M	R	E	R	R	D	H	S	E	L	H	U	E	E
HOSTILE	B	M	C	T	G	P	E	V	A	L	N	B	R	K
FIGHT	T	O	O	T	S	L	L	D	A	G	L	E	T	L
END	B	R	Q	U	I	F	N	E	N	I	F	U	Y	U
SHELL	N	Y	P	S	E	C	E	S	S	R	Y	U	B	H
BATTLE	H	R	S	R	C	L	G	W	H	A	E	N	D	S
SHOOTING	L	I	E	A	T	I	T	S	O	E	B	E	U	J
MISSILES	M	P	O	T	E	L	E	P	O	R	T	F	I	S
BULLETS	I	A	A	G	U	E	L	U	T	V	J	O	H	I
ARMOR	G	B	P	L	P	F	A	B	I	S	B	E	P	K
TELEPORT	E	L	I	T	S	O	H	O	N	R	L	M	K	L
	T	N	O	N	T	S	D	E	G	L	F	G	V	M

Difficulty Level: **Hard**

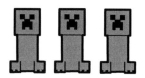

71. REDSTONE

Can you find all the Redstone words which are listed?

		S	T	O	R	R	E	K	C	O	L	B	T	S	L

REDSTONE
DUST
BLOCK
POWER
CIRCUIT
CRAFT
SMELT
LAMP
TORCH
RAIL
REPEATER
DROPPER

```
S T O R R E K C O L B T S L
C T E A F T O R C K E N R P
B E L I W F N R E I N E Y I
N R P L E C E S D R W U J A
E L E E I P T S T O A W E P
E H L D P I N L P C N E M O
R L T O S P O L E E T A F C
A E R L U T R G R M L G T I
I D T E O I O C F A S A H R
M E E A T D S N K L H U I C
C L C O E A L V E D N B W U
T S R T S P C D D U S T C I
M C A F E S E R E D L K N T
H G M E W F J R L C R A F T
```

Difficulty Level: **Hard**

72. IRON GOLEM

This is the last puzzle of the book! Find all of the Iron Golem related words forwards, backwards, up, down or diagonally hidden below.

Word list:
- IRON
- GOLEM
- UTILITY
- MOB
- VILLAGER
- DEFEND
- GUARD
- PROTECT
- ZOMBIE
- STRONG
- HUGE
- PUMPKIN

```
N P R O T R J G R E T G D N
U G R N I K P M U P S A E H
M O L O P Y T I L I T U G T
B L C T R R L V A D E B U W
T I R O N Y O D A I N M H S
B E Q R W F G T B I F O Y G
N Y P E E C E M E D Y B H U
H M N G C O O W N C M G J A
L E E A N Z T E C A T O G R
T L O L F E F E L O R N R D
I O E L U E T U A L O O O P
G G P I D O A B E R B R P K
S R L V R L N O T R E M K L
T N O P T S D S W R F G V M
```

SOLUTIONS

SOLUTIONS

Difficulty Level: Beginner

1. PLAYERS

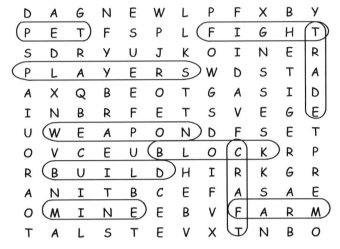

2. CREEPER

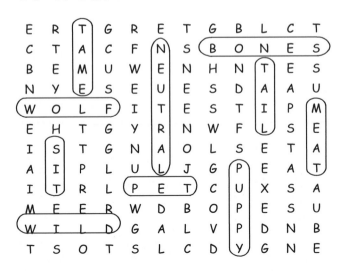

3. WOLF

4. CRAFTING

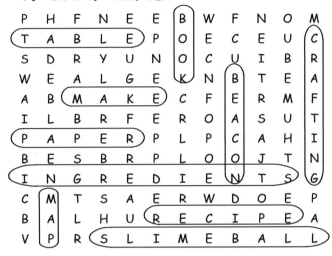

5. WITCH

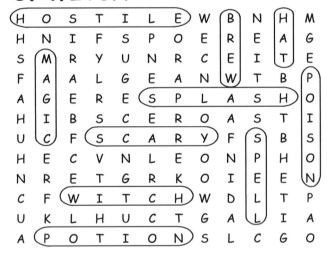

6. SNOW GOLEM

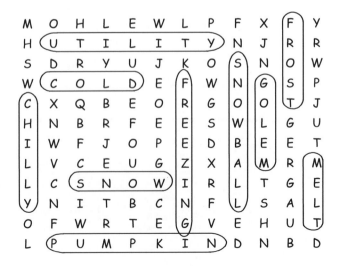

SOLUTIONS

*Difficulty Level: **Beginner***

7. PICKAXE ENCHANTMENTS

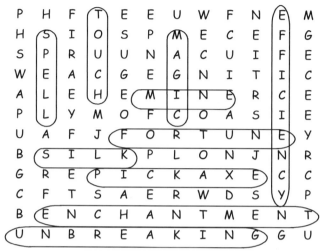

8. SPIDER JOCKEY

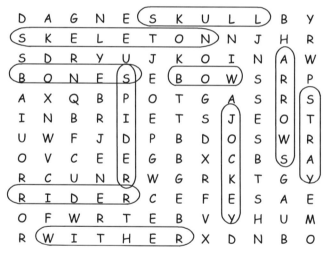

9. DEEP OCEAN BIOME

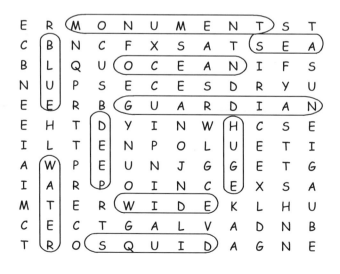

10. SQUID

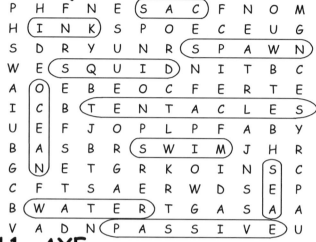

11. AXE

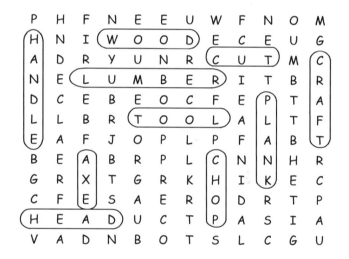

12. HILLS BIOME

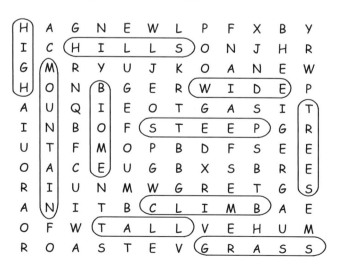

SOLUTIONS

Difficulty Level: *Beginner*

13. TASTY RECIPES

16. MEAT AND FISH

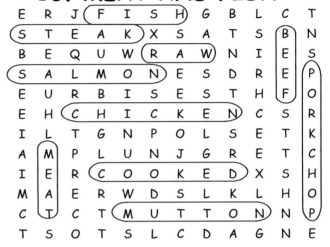

14. CHICKEN JOCKEY

17. POLAR BEAR

15. DESERT BIOME

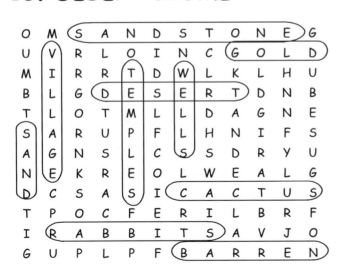

18. SMELTING

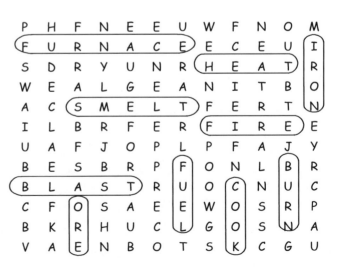

SOLUTIONS

*Difficulty Level: **Beginner***

19. SKELETON

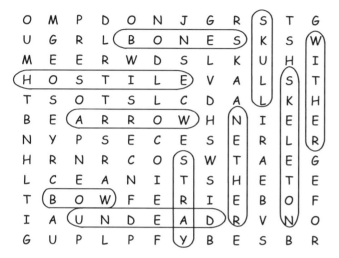

20. BEACH BIOME

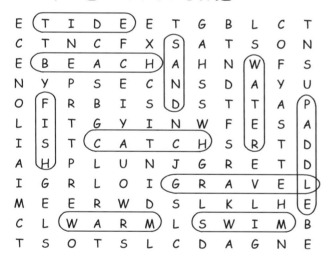

21. BOW ENCHANTMENTS

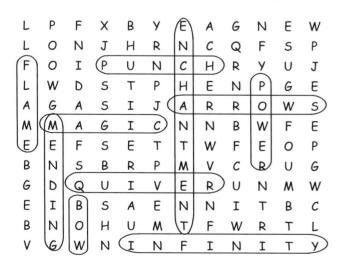

22. DONKEY

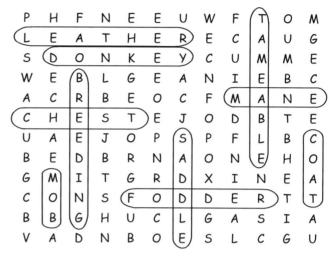

23. FISHING

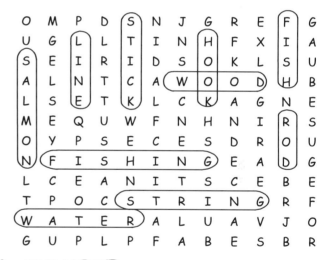

24. ZOMBIE

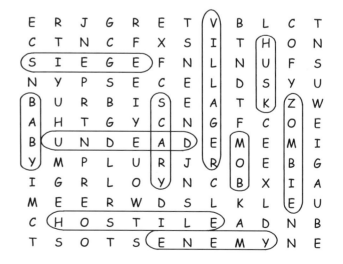

SOLUTIONS

Difficulty Level: Medium

25. PLAINS BIOME

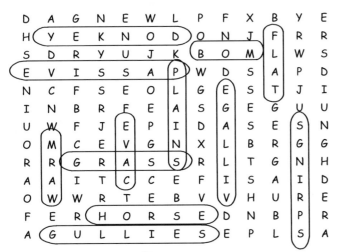

28. BUILDING

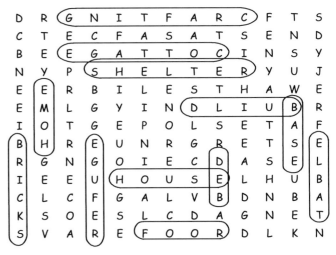

26. VILLAGER

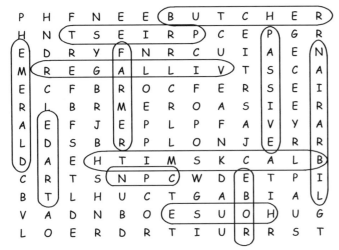

29. FOREST BIOME

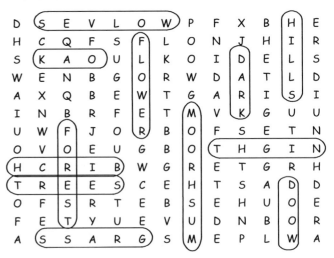

27. HOE

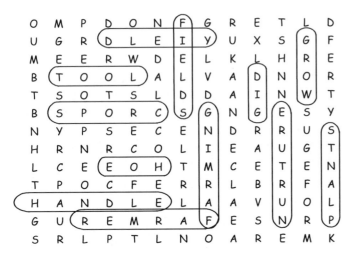

30. FARM ANIMALS

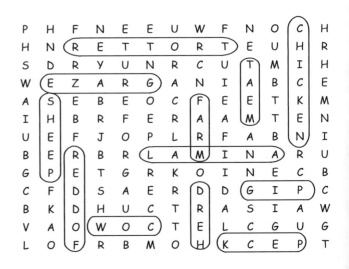

SOLUTIONS

Difficulty Level: Medium

31. PLANTS

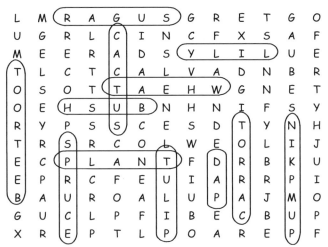

32. MAGMA CUBE

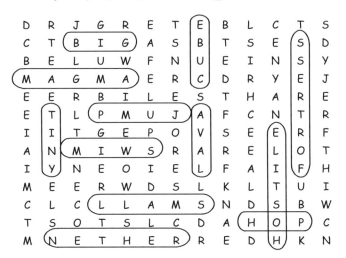

33. EXTREME HILLS BIOME

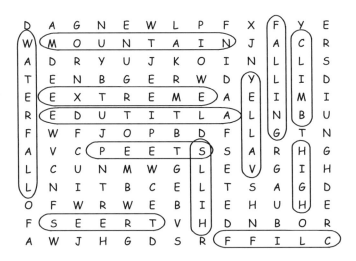

34. BAT

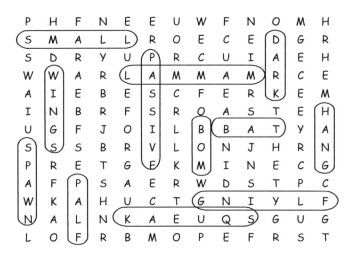

35. ICE PLAINS BIOME

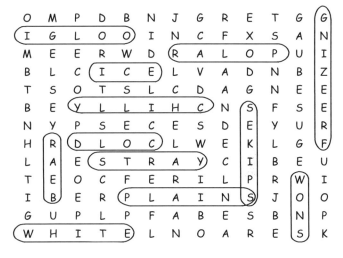

36. OCELOT

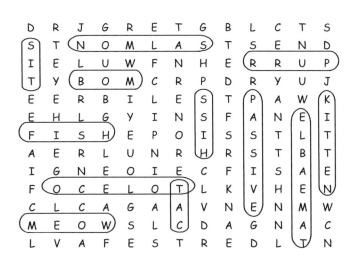

SOLUTIONS

Difficulty Level: Medium

37. BAKING

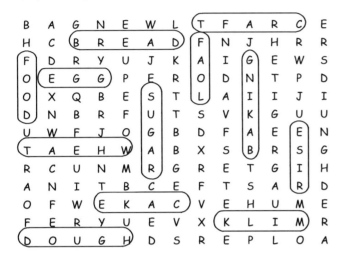

38. ENDERMITE

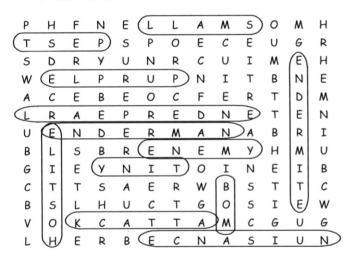

39. TOOLS

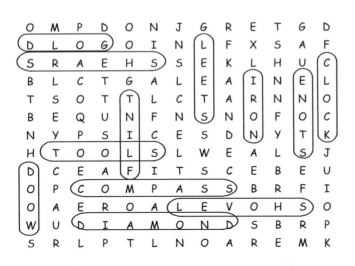

40. SWAMPLAND

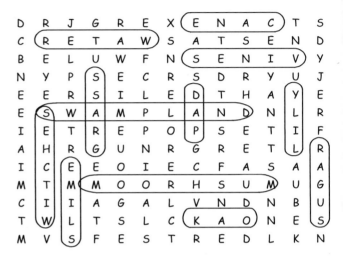

41. MOOSHROOM

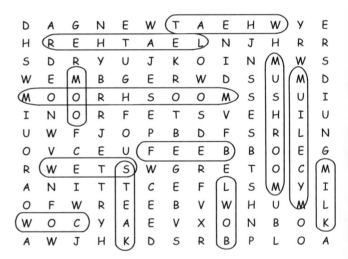

42. ZOMBIE PIGMAN

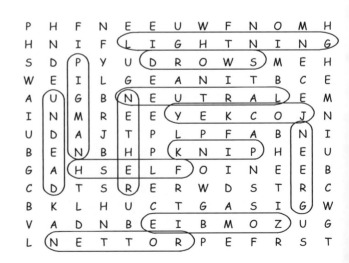

SOLUTIONS

Difficulty Level: Medium

43. TAIGA BIOME

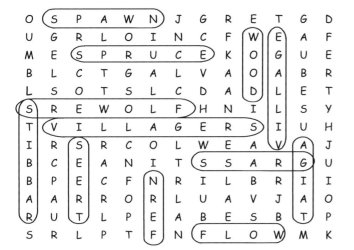

44. BOW

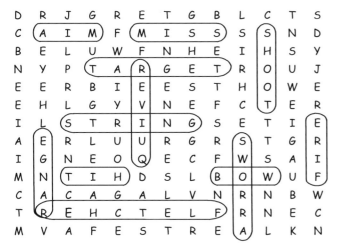

45. RABBIT

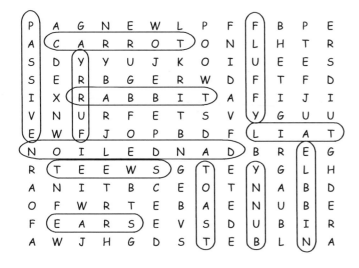

46. USEFUL STUFF

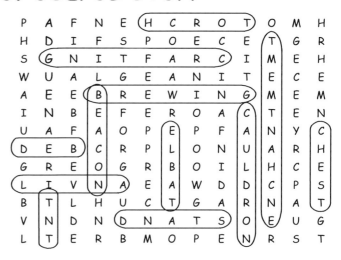

47. GHAST

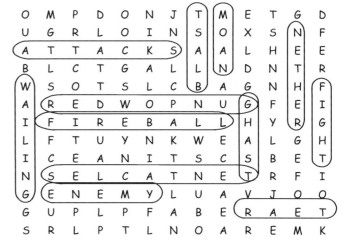

48. THE END

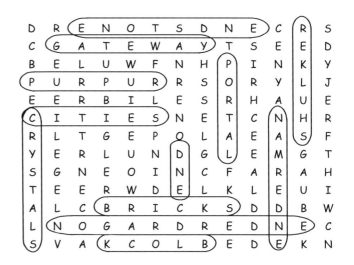

SOLUTIONS

Difficulty Level: Hard

49. SWORD ENCHANTMENTS

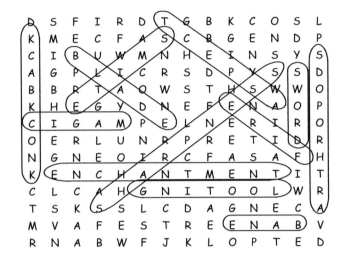

50. MECHANISMS

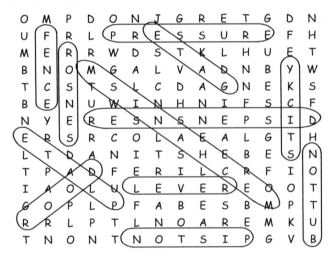

51. SLIME

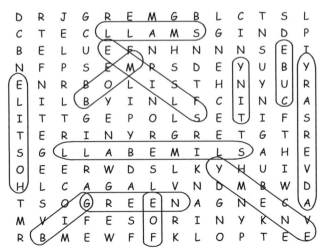

52. FRUIT AND VEGETABLES

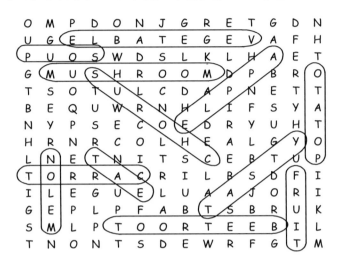

53. MUSHROOM ISLAND BIOME

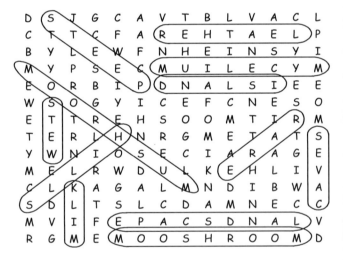

54. HORSE

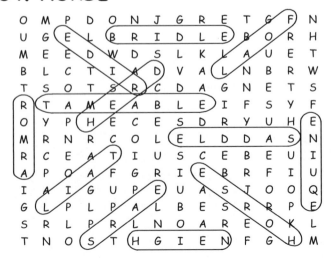

SOLUTIONS

Difficulty Level: Hard

55. NATURAL BLOCKS

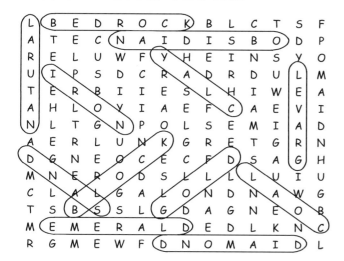

56. SILVERFISH

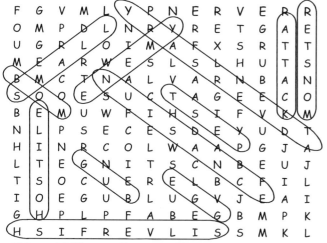

57. MESA BIOME

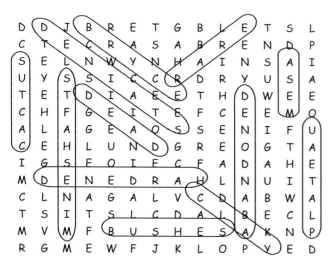

58. SPIDER

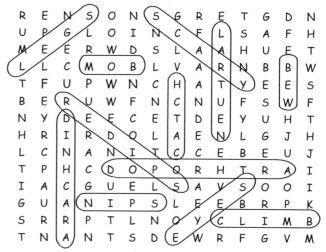

59. RIVER BIOME

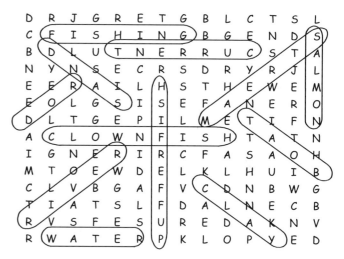

60. GUARDIAN

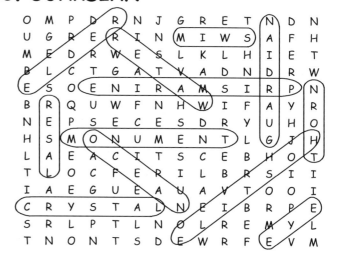

SOLUTIONS

Difficulty Level: *Hard*

61. POTIONS

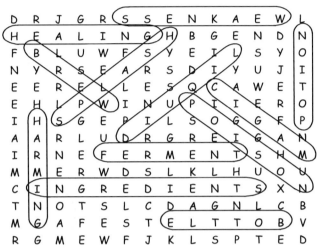

62. ARMOR ENCHANTMENTS

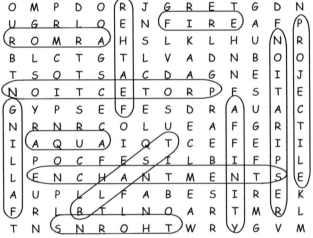

63. THE NETHER

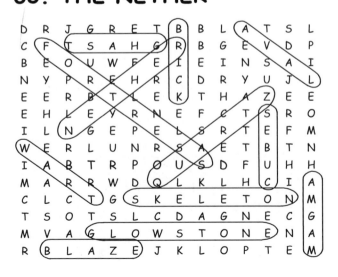

64. ZOMBIE VILLAGER

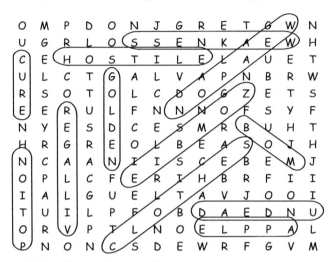

65. PICKAXE

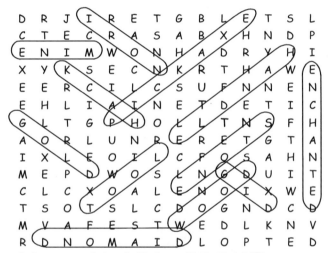

66. SAVANNA BIOME

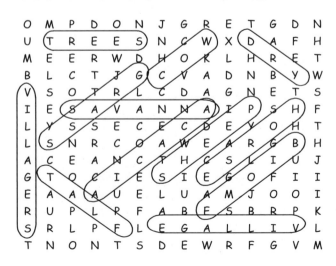

SOLUTIONS

Difficulty Level: *Hard*

67. BLAZE

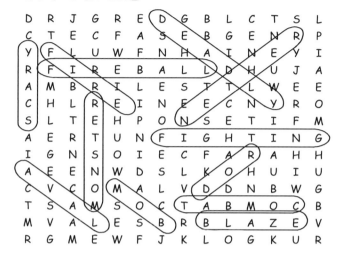

68. JUNGLE BIOME

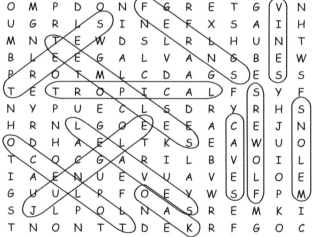

69. SWORD

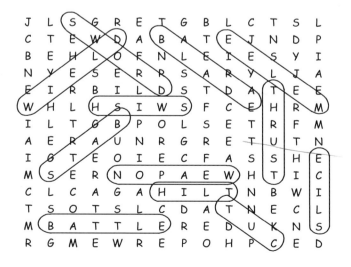

70. SHULKER

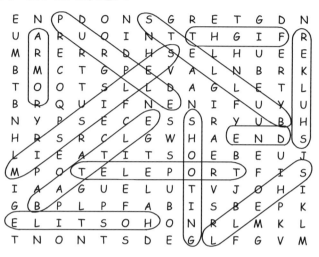

71. REDSTONE

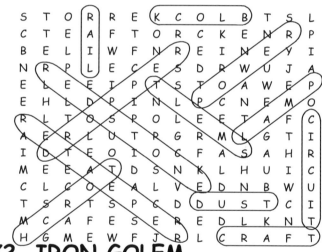

72. IRON GOLEM

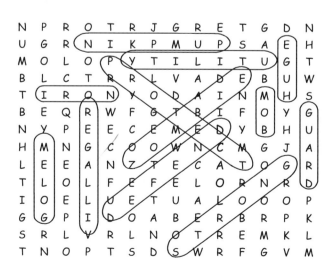

Printed by CreateSpace, an Amazon.com company

Printed in Great Britain
by Amazon